Seydi Sy

L'aube idéale du temps

Seydi Sy

L'aube idéale du temps

La pagaie d'amourLe voyage de l'aube

Éditions Muse

Imprint

Cover image: www.ingimage.com

Publisher:
Éditions Muse
is a trademark of
Dodo Books Indian Ocean Ltd., member of the OmniScriptum S.R.L Publishing group
str. A.Russo 15, of. 61, Chisinau-2068, Republic of Moldova Europe
Printed at: see last page
ISBN: 978-620-3-86659-9

l'aube idéale
du temps
«l'épître écrite par un ignorant qui se
ballote dans l'esprit, ne peut se lire
avec la liberté.» Maodo Sy Amine

SOMMAIRE

1er PARTIE :La pagaie d`amour

1- Le temps................................. p4

2- Le matheux amoureux............p9

3- Un fossé de nuage.................p17

4- La douce âme.......................p25

2e PARTIE : Le voyage de l`aube

1- L`esprit des lettres d`or..........p37

2- Le routard de la pensée..........p42

3- Un aigle sans destination........p60

1er PARTIE : La pagaie d`amour

1- <u>Le temps</u>

Le temps, on le trouve pour ce qui nous est précieux. Quand le temps devient sourd, c'est certe le silence qui se règne comme cause de scinder les cœurs et de trahir les pensées. Le temps c'est de l'or qui pétille les âmes. Et modeler le temps est une éminence qui bâtira le prochain. La force pour affronter et l'esprit pour se guider, ce dont pèse la vraie volonté. De toute chose, la pensée est un beau guide. Et surtout quand tu te sens faible et seul. Le soleil du nord aux archives du sud, de ton ombre lumineux et très chaleureux que me rayonnait certe ton sourire étoilé. Et d'ailleurs c'est du prochain que ça vibre comme une onde. De mes pas qui auraient dû être que des vagues de mer au bord de sans destination, je ne peux être qu'un voyageur, qui cherche sa demeure s'il en avait. Me voilà torpiller sur un destin sans voix, je dirai même sans aucun toit pour se rendre un merveilleux sourire. Et ça ne serait qu'une niche sans architecte. D'un fil d'or qui pétillait d'amour aux yeux, que trop de larmes n'ont guère pu se congeler. Il n'en est rien d'autre qu'une pauvre sève de la poussière qu'en ivre mon accent. Par là je suis ébloui et par là j'ai eu tort de semer autant, j'ai l'horreur de dire que la semence a tombé dans le mauvais gouffre de ce destin qui me hante. Mais je suis la caverne de mes rêves et l'esclave de mes propos. Je t'ai pris, tu m'as abandonné. J'ai tombé amoureux, tu m’as rejeté comme si t'as laissé une terre nue pour habiller un ciel. Je me suis retourné au coin pour renaître d'un bout de souffle, chagriné au clair de mon destin. J'écoutais les mots de mon silence à la fleur du cœur. Et j'en pouvais plus résister. Je ne voulais que m'approcher d'elle afin d'être des ailes. La peur m'a écrit ce matin ce que je ne peux point lire aujourd'hui. J'ai abreuvé le sang de rester et j'ai fini par peindre le ciel. La beauté n'est que la bonté du cœur. La beauté n'est jamais une forme physique mais le digne dans ses valeurs. La forme physique n'est pas une beauté mais elle s'imagine comme belle pour l'œil de tes paupières et non par l'œil du cœur noble. Et elle l'était comme convenu mes horribles refrains. Si on disait de laisser les pas pour défier le temps, c'est de rendre terne nos deux bouts. Combien l'espace s'annonce sombre face à nos vers de haine. Si je savais où aller, l'effort serait mûr. De soutenir un tombant jusqu'au nuée que s'envole une confiance en rêve comme m'éclipse le temps de gloire. Au fait qu'elle m'a détourné de l'instant charnel.

Que te faire passer avant mes choix, si tu le pensais autant que le temps m'écrit. Se bander de la voile de mes songes que de traîner le silence des corbeilles et que je m'inspire des devis de l'hiver. Consoler les mots doux qu'étirent le toit des langues, je n'ai que la proie d'un cœur en papier plus fragile à l'effet de ce vent. J'ai saisi un amour pour cueillir une détresse. Ce dont le temps m'aurait interpellé, semble aux vagues d'étoile noyé dans le ciel. J'estime qu'étale un cil entre deux, n'est jamais subtil de le nuire. Il prétend bien l'entendre au Zénith de sa promesse. Et l'homme ignore sa vie. Il a oublié son destin car il n'espère rien sur le chemin qu'il mène, seul ce qui lui est par Allah. Aime par Allah si tu l'aimes. N'aime point si ce n'est guère par Allah. D'autant ne pas aimer un être par Allah c'est le faire souffrir et l'abandonner comme se déambule la balance. D'ailleurs la peur souffle à voix aride pour ne point seconder des larmes à un humain. En vérité, les vrais demeurent et les faux s'éteignent toujours quand le temps cesse d'écrire ses verbes. A l'heure où murissent les rêves du soir,

J'ébranlerai par les fleurs d'or de mes larmes et par une triste réfraction sur ce miroir en art rembiné, ma solitude sonnée à l'abime. Je penserai par un œil sur le dos sous un aigle de l'aube pour percer ce vilain sort d'héro. Pourvu que je me fane comme une eau sur cet angle bien sec que de me plaider les pas derrière ce rétro. L'attrait de ce cœur à fleur d'âme m'a rabiné comme une douce graine qui traine son manteau. De ces mots à plumage éminent que s'est rebiné cet amour sans aile qui ne se porte que haineux. Je partirai par un tracé noble s'il s'en chevillait comme une roue et je n'aurai certe qu'à savourer cette amertume. J'irai par la fontaine s'elle s'en habillait semblable à son bout et tantôt à une terre non labourée. De mon piètre regard qui se négue dans sa choroïde que se reflète sous mon iris un mirage d'illusion. Je suis flatté dans mon esprit que me dévoile froide mon souffle façonné de chagrin et de dépression. Je ne décore pas ces mots d'or pour toi, et je ne les colorerai guère pour toi. Mais ils se donnent juste comme l'image de toi, une pleine lune sous ce paysage. Je suis qu'un esprit drôle dans ses sentiments et j'aurais toujours peur de véhiculer mon estime. Je suis qu'un gardien de ces fleurs qui ment les ténèbres en trahissant leurs sombres intimes. Je suis serré entre ce temps et cet instant comme m'écrit ce beau vent de l'Ouest. Autre qu'étale un air sensible sur ce géant, que me chavire cette belle pluie de l'Est. Autant d'orage qui pirate l'or du soir que mon voyage s'épuise qu'au bord de l'aube. Je n'aurai dû être qu'une boussole guidée dans le noir pour ne guère torpiller comme une plombe. Je n'imagine pas ces mots d'or pour toi même s'ils se trouvent joli pour tes choix. Je n'aspire pas ces mots d'or pour toi même s’ils se sonnent laid pour ton propre soi. Je ne peux être qu'un pauvre espoir pour toi et non un soleil radieux pour ton histoire. Je ne peux devenir qu'une apparence pour toi et non plus une belle étoile pour ton toit.

2- ***Le matheux amoureux***

Tant de solitude n'en garde
Aucun beau revers, que de néguer
Dans le silence des bucardes
Sans pour autant être distingué.

J'ai jeté mon regard sur tous les coins
Mais que l'encontre d'un vide.
Autant que je ressens ta présence, point
Que se bornent mes rêves arides.

J'ai soupiré laissant promettre mes dents
Et dardant un regard chagriné
Qui souffle de larmes comme le vent
Au point d'être rebiné.

Voyagé au bord de l'apparence
Sans apercevoir ton existence.
J'ai voyagé au bout des chansons
Sans entendre la voix de ta raison.

J'ai hurlé à terne comme une bête

À la recherche de ta voile.
Quand sortiras-tu de cette quête ?
Je ne me réjouis certe d'aucune toile.
Quelle conviction laisse muet mon art !
Ô faramineux astre de mon univers,
Je sais que tu es quelque part
Qu'étire au-dessus des travers.

Sous les nuées que je me comprime
Comme une archive obsolète,
Que me semble peindre la belle prime
De ton amour par les comètes.

Ô la confinée, j'interpelle certe ta levée
Pour rompre avec ces ténèbres.
Ô mirage de mes beaux rêves abreuvés
D'irréel, sauve-moi des zèbres.

J'ai secoué la mer sans tomber
Sur tes amas de réticence.
J'ai coupé tant de rose pour bomber
Mes yeux à trouver ta clémence.

Ne vois-tu pas me secourir contre
Les vagues d'isolement emparant
Mon esprit, que démontre
Un cœur à berme et méritant.

Ô douce lumière donne-moi l'éclat
D'être le soleil de ton toit.
Ô Matinale, j'ai taillé le plat
De ma misère pour être ton choix.

L'évasion de mes horribles pensées
M'ont comblé de ta pomme de certitude.
Mon voyage au bout de l'insensé
M'a douté de mon réveil d'habitude.

J'ai visé les étoiles que j'ai vu briller
Ton gigantesque paysage.
Senti vivant quand je me suis mouillé
De ton paradisiaque hivernage.

Mon âme, seule dans ce qu'il se plaint
Comme bon malheureux.
Ô espoir où te caches-tu pour de plein

Me laisser songer heureux.

J'ai ressenti ma vie comme une verdure
Avec mon silence qui fume le robage
De ma destinée. Que sombre ma posture,
Que brise mon reflet mûr au rivage.

D'un temps qui roule ma jeunesse,
Je nage sous ton ombrage.
Sans que ma plume se fane de la hardiesse
Et de l'intrépidité de ton courage.

Si je savais où te chercher,
J'aurai sonné mon silence
Comme une alarme sans perser
Le chagrin de ma patience.

Quand dévoileras-tu comme un secret,
Point que tu mettras ma souffrance.
Quand tu te lèveras comme un crêt
Rien ne m'opposera à ton appartenance.

Et si je savais où te trouver,

Je n'irai point jusqu'au gouffre du miroir
Mais je t'aurai beau mouvée
Jusqu'à l'aube des soirs.

Qu'en dire de mon malheur,
Qu'affirme ma faiblesse certe.
D'un cœur solitaire à l'horreur,
Je dépose ma fleur d'or sur une serte.

Ô page non ouverte, ma plume
A hâte de s'aligner ses mots muets.
Ô jardin verdâtre, sans ton lume,
Je me brouille dans mes idées muées.

Au fond de moi, t'es le plus proche
À me confier mais au présentiel
Je ne saurai point t'identifier des roches
De mes alentours pleins de miel.

Pourtant tu touches mon cœur
Sans traîner tes pas ni ton air.
Quoique sonde le charme du bonheur,
Je t'aime à peine comme un impair.

Je t'attends m'apparaître
Comme meurt ma pauvre nuit
Sous l'éclair de ta lumières, peintre
De ma vie à la nuée des ennuis.

De cette vie dont la tangente m'a abandonné, j'avais dû sûrement croire que le destin m'aurait jailli d'oubli là où le silence me rendait soif. À l'horreur, un matheux est si chiffré que l'amour l'hérite. Mais qu'aurait dû être l'extrémum de mes pensées ? Ce fut un déclin pour l'infini. À la rose des géomètres, je ne pus point fuir la verdure de son amour linéaire à mes revers. D'un voyage en orbite avec l'imaginaire que j'entendais le buisson de ses doux pas. Autre qu'elle me semble à ce trinôme de delta fascinant, au loin qu'elle m'est plus proche. Au bout des racines négatives que je la voyais paraître à une comète de mon beau ciel. De cette beauté qui me fige sans renonce que mon espoir s'est flatté. À l'encontre, j'étais un simple mourant mais à part de gloire où la nature m'avait sauvegardé comme une parallèle, je n'en avais miroir que me voûte le berceau de mes sentiments. Tellement surprenant que le néant a sonné l'illusion. Aurai-je trouvé un or caché, si intensif qu'elle brille sous mon regard ? Et si bien elle a été une racine dans une matrice dont le déterminant est nul, j'aurais dû être un cil d'elle comme m'attire sa conjoncture. D'autant que de me réjouir à mes larmes d'avoir démérité sa couronne, je me trahissais d'un pur cauchemar. De ce rêve noir qui ne fait que me néguer dans un bécher, je ne peux être qu'un pauvre métal. De tous les effets, elle a été par là si bien qu'elle l'est pour moi, un niche d'exponentiel qui ne me laissera point s'assombrir. A l'art des vertus, c'est si nul que je l'aime. Mais je me suis tombé comme un aigle amoureux de la chasse autour d'un système où seul sa lumière que j'ai comme richesse. L'or de ce ciel n'est que ce soleil blanc au sang propre qui te protège du cheveu au cheville. Elle n'est que cette savane aux roux dignes. Et de ma parité, elle m'a rendu pair d'autant qu'elle est l'aube de ce soir merveilleux. De sa réfraction que s'est dévié l'incidence de mon amour aussi longtemps que je cherchais l'existence de ce développement limité avec la formule de Taylor Young mais que l'aveugle m'en avait pris à doute. Parfois, la vie est un beau manteau qui peint la certitude à nos âmes. Et derrière ce miroir, j'ai vu un polynôme très chéri à cette rose. Elle me serait un facteur divin, si vin que je serai factorisé. Ce dont fleurit mon cœur, ne s'arrosera guère avec un mirage de cet amour.

3- Un fossé de nuage

De ce qui n'éloigne point du revers de ce bouquet garni de pépites de larmes régnant sur le réel, que le sang du silence se déverse sur un chemin muet où même l'égo s'oublie. Si mon intime incarne un reflet horrible, ça ne peut certe naître que de mon comportement égoïste. Le chemin s'alourdit mais la confiance se pèse, rien que l'étoile sillonnée de manque. J'ai senti l'abandon, ce dur difficile à résister. Je tremblais de tout vide à force de s'effondre sous mes cils d'un front rivé au sol. Au sombre que demeure d'un silence pire et certain. C'était juste de raisonner avec le désespoir sur ce dont l'impensable s'illuminait comme l'inattendu. Tête à tête, repousser de tout souffle, que les rêves contredisent à la réalité. Perdu dans l'apparence comme un arbre frappé de la foudre, aucune fleur ne peut devenir ce flamboyant dont sa pensée s'y plongeait jour et nuit. J'ai vu de loin s'ouvrir tout ténèbres, une lourdeur très sombre vers un esprit senti isolé et de langage muet comparant le doute et la duplicité. Autant dire comme une planète inhabitable, assoupi avec un cœur non affable, d'un sourire inventé et non pour de vrai. Des pleurs de sang qui irrigue mes veines émanant de ce cœur sans refuge et meurtri. Environné d'embuches à l'orée des bois comme un arbre sans racine, je ne suis qu'une simple trame coupée. J'ai sombré comme un oiseau qui perd ses plumes. J'ai sombré comme un mensonge devant une vérité. La honte s'éclipsa sur ma raison, je ne me pouvais être qu'un nuage sans destination. D'une nuit, sous un ciel sans étoile, l'obscure se raya sur mes pas en honorant ma misère. J'étais qu'un brûlé sans fumée, un bateau sans voile. Ce qui plaignait à jamais briller, scintille juste comme une laideur. Ce fond rigide qui s'incline devant l'aveugle, s'éclaire comme l'oubli. Ces mots qu'on se compense à la pensée, ne sont que les pleurs qu'on n'arrive pas à éteindre avec la patience. Ce qui est dur, est sans artère pour l'exprimer. Du revers vers le prochain, de l'ironie colore ma vie de peine. Où aller sans ces lieux de souvenirs devenus une habitude, seul derrière des lamentations qui m'use plus de regret quand le soleil est dominé par l'ombre terrestre. Combien la perdure ronge tant une lumière. Autre qu'une mémoire pleine, je ne suis qu'un esclave de ma liberté par cette solitude. De l'ardeur d'un vent enivré se darde un vide balayant mon regard éperdu en une horrible palpitation. Crible d'amour sous les rives de mes rêves, je ne suis que d'une candeur souillée. Mon intime s'est borné d'être un compère. Ce que j'aurais beau dire que de chercher. C'était un amour à la rage, qui séjourne dans la lune. D'un soupir de cœur qui ne laisse apparaitre qu'un front au genou à un sens qui s'avère inexistant Une pluie de plumes qui crypte l'horreur de mon évasion, se congèle au bout du rejet centrant des rayons de désolation. Je me suis aperçu comme un reflet inconnu: ne me rejette pas pour mes défauts car c'est toi seul qui donne du sens à mon âme et ne me rejette point si tu sais que je n'en ai nul part où poser mon reflet en dehors tes épaules.

Ne m'abandonne jamais, c'est de ton égo
Que je m'éclaire comme choix éternel. Ne m'abandonne point, c'est seul de ton rizot
Que je me donne de propres ailes.

Je ne suis qu'un simple arbre qui a besoin
De ta lumière pour ne point mourir.
Je ne suis qu'un désert qui cherche soin
De ta verdure souriante pour me guérir.

Autant d'obscure qui me rase
D’oubli que ton absence n’occasionne
Que des pensées volatiles à la rage,
Comme un paysage sans plaine.

À la nuée des remords se déchiffre certe le singulier du futur, et me voilà bravement rassuré des chansons du vent. Un temps qui te rappelle de miracle, ne songerait point d'ivresse. A l'heure où sourit le soir, loin de toi sous l'ombre du crépuscule ne serait pensable qu'à toi. D'un cœur soufflé de solitude auxyeux bouclés de la lumière des étoiles, seul mon esprit dessine ton ravi et noble image. Partir que génère un univers d'horloge lente pour les vieux souvenirs, qu'étale certe un vide autour des lacunes de pensées. À l'horizon comme une dette du temps qui ne s'acquitte que d'être un silence de solitude. Un néant qui sème du réel que de peindre le manque sous mes paupières à cil de pluies. Un monde à langage de battements du cœur s'offre de précieux lien. D'un regard qui grille un unique astre, que se noiecerte la conviction de l'esprit. Que nous rappelle les sourires à l'instant du passé incliné, seul un regret positif de la joie de le revivre. Je n'aurai à me comparer qu'un fruit qui s'arrache d'un arbre. Un manque qui est comme un fossé de nuage, tantôt plus lourd que pèse la terre. Au fond de la vacuité que l'âme se condamne comme un inexistant. L'absence sonne l'oubli que laisse l'éclat de l'amour d'autant qu'elle l'aime sous l'or de sa vie à l'aube de sa mort. Que manque un ciel noir, rien que la lumière des étoiles. Tes mots doux sonnant tant de courage me manquent vraiment et il en semble grave à la rose qui les produisait. Tu es l'étoile d'or de ma raison quand elle est brouillée de ténèbres et je ne vois pas plus idéal que de regagner ton passé, ma confamie. Loin de toi que se peine mon cœur et qu'écoute le chant des oiseaux que s'annonce le charme du silence dont je m'inculpe. Je n'aurai guère un oubli pour toi à l'encontre que me chagrine le silence de ta voix, fille en or. De mes pensées qui endeuillent ma solitude, que d'aspirer l'ombre de tes veines. Au bord, je ne serai comparable qu'à un renard dans sa tanière. Que ronge le bruit des bois, ne permutera pas son éloge. Ne pas l'entendre trembler comme la terre, négue ma voix certe dans l'oraison. Ensoleillé de ta disette, je ne roule qu'hors de ta lueur, fille en or. J'ai toujours refoulé cette idée de briser les lignes pour former des vers sans me miser de ton sourire. Je ne serai qu'un néant, beau derrière ta réfraction. Ce qui se vit au semblable, n'est point de joie ni de mal. Et je m'y plonge sans aucune bougie de me rallumer. Combien l'excite ce manque qui fond et déborde de son couloir pour t'atteindre. D'un cœur serré et mouillé de douleurs que se permutent les artères. Un cœur à boucle d'horreur que chagrine cette ère. Que laissent ces ruisseaux de larmes sous un néant difficile à combler? Voilà un silence qui nous peine mais qui sème au destin un sourire secouant toute haine et mûrissant ces purs espoirs. Je chante loin de mon paraclet où mon cœur s'attriste de solitude. Et si tu n'oublies pas, l'or du soir est devenu l'aube des rêves. Me voilà torpiller sous le képi de mon réel destin où je me parachute dans l'abîme. J'interpelle de si aisé ce cœur serré à larynx sous le sourire des étoiles où la peur me rend morne et sibylline. Et si bien tu comprends, j'irai muet à terne. Et même si tu ne l'as pas tenu, cette vanité frivole s'est déjà fanée comme un pauvre tonnerre. Je bégaye à un vent âpre avec ma voix pleine d'ardeur. J'arrose un vide à fleur semblable à toi que de jaillir la vacuité dans sa bouche, duvet de mon langage. Même si elle a par contre pris un bout de mon égo; c'est toi certainement qui a formé ce reflet et qui a choisi mon âme, Mamie. Fougueux comme me sucre ce destin mais trop sans toi Mamie. D'un cœur en vrac à l'image d'une âme en détresse qui prédit la peine. Serait à qui me confier en-dehors des coulisses de ce décor, en vain que de trembler comme une feuille. Un goéland captif de manque à lourd sabot se livre comme poète. A bon de pas croire, c'était des sages sangs de veine qui le manquaient plus. Aucun ange ne peut combler ce fossé à courrier d'incidence que je n'aurai été qu'une foudre pour ce bas inutile qu'affirment mes cils. L'infertile homme qu'ils compensent comme un mot d'or dans leurs pensées. Je ne serai que cacochyme à moelle de cette armure alors qu'à l'orée de mes pas je n'en ai qu'un triste destin. Le poids de ce qui t'aurait choisi, est toujours un fardeau. Mais m'enfuirai-je avec la joie de vous renier pour me perdre ? Je compte les doigts en laissant trainer une simple risée. Et si tu ne le vois pas se flatter comme me fascine son abord, qu'il y est toujours de doute pour mieux s'assurer avec les pensées. Au-delà que s'entend ce cri d'âme, qu'interprète certe le gouffre de sentir seul. Me voilà avec cette pensée à soif d'être un vin que j'aurai dû boire si je m'abreuve. Hurler à ton de retour dont l'art s'attriste à leur revoyure que l'aube du soir sombre sans navette. Mais les nuages s'élèveront pour remplir ce tabernacle ténébreux. Tu as dû sûrement croire que le muet de la nature s'est bien entendu avec l'oubli que suppose l'intime. Chanter à la gloire des consolateurs dont l'art s'attriste à leur revoyure que l'aube du soir sombre dans la misère. Et si tu ne pars pas, je l'enverrai à ces dettes compensables. Tant qu'on ne s'oublie point, on demeure juste sur des bouts de trains opposés. Hormis qu'on puise la même eau, le sourire de ce puits ne serait qu'insondable. Ta pensée serait la mienne au doute d'être colinéaire à vous de le décrire comme un beau paysage. Même si tu ne l'ornes pas, le moi des rêves sombrera comme le soi des ténèbres. Et ce manque n'aurait été que la portion d'une foudre.

4- ***La douce âme***

Elle m'est d'une droiture très large. Celle de mon beau sourire, aussi bien qu'une fierté à ma vie, qui me cueille autant de lumière à ma modestie. Un Mina de réflexion sincère, du véridique, tu m'en prouves sans doute. Elle m'est d'une fidélité éternelle. Toi, la géniette d'une confiance non proteste, mon seul rêve réel, ta parfaite guidance rend mon âme plus que vivant. Ta bonne conduite est charmante et éminente mais ta voix très sucrée est à mon entendement plus que du miel. Mina, d'une responsabilité supra liminaire, très humble et attentionnée qu'est ce mina d'amour. De la beauté, mes yeux en ont ivre quant à la parole, mes oreilles s'expérimentent de joie z-terminale. Elle est d'une lueur brillante et d'une flamme qui ronge toutes mes souffrances. Ta bonté génère en moi des larmes de bonheur et d'être un héros sans complaisance. Mon cœur touché, du flambeau lyrique de ton image rassurant, t'es de l'or étoilé, t'es un diamant magique. De la profonde absurdité, tu m'es d'un miracle réel. Savoir qu'un désert de paradis existe, est à mes paupières une réalité vécue. Une reine chatoyante qui s'en soucie beaucoup pour moi, reste ma source d'honnêteté. Autre, de la quiétude, elle m'est ravissante et sympathique d'une gloire en un point de sincérité. Je saurais dire que vivre sans soleil est obscure. A ce là, rien au monde ne voudrait vivre dans le dénoue. Bête à son amour n'est faite que des têtes nocturnes. En outre, ce qui est en toi, n'est pas de l'ombre mais de lumière réciproque. Tu es vraiment une rose remarquable et magnifique à mon regard. Mon âmcoeur, une fleur d`âme qui n'a jamais divulguée de mes paroles. Tu es à mon être, impressionnante et sans complication. Pour de la valeur, tu t'es construite, rien que tu n'es pas une ordure qu'on ramasse. Du très sérieux, tu m'en serves sans manque. J'honore ta sensibilité de mon amour mais mes larmes de saveur sucré, me présentent une fierté d'être à tes bordures. Tu m'inondes de satisfaction ma mignonne lune. Du manque aussi précieux, je me nuis sans comprendre où j'ai vu une nuit sans étoile. Là où je ne peux être qu'un homme passable, qui ne se soucie de rien et se fait fi du réel. Quiconque, voudrait des rêves réels n'a qu'éteindre les étoiles. Tantôt la lune et tantôt le soleil, je sais plus que caméléon le sens vertu de mon amour, mais du ciel jusqu'à terre, seul du vide inondé d'obscure. Combien vivre sans toi est d'une clarté sombre. Je ne peux qu'affirmer que sur dont le traitre traitera comme noir. Où serai-je de la nocturne à ton absence, autre dans le plein de l'univers. Non sans doute, que soit du tout, un rien. Honorable vie mesurable à temps réel , conscience brusque qui gravite autour d'un savant en plume d'abondants manques. Tant de rêves utopiques, plein d'échecs décevants qui chantent une merveilleuse tristesse prônant des puits de larmes, inconnu difficile à identifier par un travers de spécificité qui me plonge dans l'obscurité. Si bien tout se doute de rien, là où ma lumière est sombre, la nuit sera claire. Mina chérie, ton existence intensifie la survie de ma raison sans oublier que mourir dans sa conscience c'est perdre sa vocation. Si tu étais un flatteur, tu serais en liaison avec l'être qui t'écoute. Mais le monde m'emporte de plus en plus dans le néant de l'univers. Même le miroir me reflète une autre lumière que je suis d'ordre fleuriste sans langage cause de ton manque. Une vie touchée par la sécheresse m'inhibe et me rend inconnue. Au bout de vaincre mais vaincu de ton silence, mon espoir s'éteigne comme un métal en fusion. Seul, dans le rien, des mers de souffrance, une vie non maitrisée, des puits larmes, une vie plein d'irréelles, ce qui m'a vidé de pensée. Au-delà, je suis une lumière qui se brouille sans elle. Je n'en serai avec une obligation dans ma rêverie que quand j'en garde un rien utile. Ma vie, absolument qu'une existence sans toi que je me nuis. Du tout, elle n'est qu'une maquette parfaite. Larme à larme, je gère du feu que je ne maîtrise pas. Une pensée me fait toujours part à t'élire plus que mon égo. Mais j'ai peur de te faire du mal et de te perdre à jamais pour finir en dépression. En vérité, lire au fond de la lumière de tes qualités, cette vive sincérité que tu prônes, me laisse sans voix. Le respect dont tu m'as fait la face, me suffit largement pour te compter parmi les sans façons. Et d'ailleurs c'est ce flamboyant vivant de toi que mon cœur s'éclaire sans regret. Ces mots dont le puits est insondable. Ces mots dont le contenu est loin pour décrire cette artère magnanime de mon sang. Cette pivoine de fierté qui me noie dans l'incapacité de faire l'éloge de ta bonté. Cette perle digne de clarté qui me scintille de ta modestie et de ta noblesse. Seul un être peut donner du sens aux aitres des cœurs. Du monde infâme qui me primait de complaisance, j'étais simplement flatté d'ironie. Mon âme pleurait d'un cœur dur et ma plume se taillait d'aberrations sans prix. De mon regard rivé du ciel de mes archives, je n'avais pas su trouver non plus la force dans sa pure ferveur. Au sens que je divaguais sur un ciel sans lune, c'était de faire recours à mes pieds sur terre au milieu des flammes. Ma vie a tenté m'haïr comme devise de mon langage mais sans doute la dévotion d'un astre c'est de briller humblement d'un vif scintillement presque brûlant les angles de mes yeux. C'est un feu-vert sans embûche, qu'au fond du gouffre, l'Étincelle d'une lueur aussi intense m'a rallumé dans une quiétude certaine et insondable. Autre que le temps tranchera nos liens, mon aveugle percevra toujours cette Étoile adorable qui m'arrose dans un désert où mes ailes fleurissent de lumière. D'un titre sans détresse, d'une pureté sans point sombre, je n'ai rencontré que mon bonheur à l'horizon de ma guérison. Ô ma douce clarté, tu es l'unique attrait de ma joie. Aussi bien que je m'imprime qu'à ton choix, ton amour a rendu mon cœur très affable à un agrément sans épines. De ce qui somme les jours en de nuits, juste un beau début qui s'annonce comme une frondaison de ma vie car en toi je me vois renaître de la belle lumière. Autant de cueillir mon respect, c'est certe te voir juste heureuse, et y a vraiment un qui t'aime tellement que cet amour lui rend fou. Et je sais qu'il te serait les racines pour te tenir comme un arbre vivant. Je sais ce dont qui coule dans mon intime, est la pure vérité que je n'aurai point à renoncer. Aimer n'est un succès qu'en étant aussi aimer. Ô mon lucide trésor, certe t'es un saint parmi mes guides et ma pensée déborde toujours vers ta source qui m'abreuve de toute soif. C'est moi certe qui a eu un or qui brille de dignité et de bonté, me scintillant même de son reflet. Le plus difficile de ce monde c'est de trouver une place chez les gens et pourtant tu ne m'as pas manifesté cette difficulté. Tellement modeste que je me demande comment est ta sincérité ? Je me rétorque que faramineuse. La vie n'est rien d'autre que de le vivre dans la vérité. Mon Adorée, mon consolateur, ma confidente, lumière dans la lumière, ce béni d'Allah ne peut point mourir sans être vécu. Je t'aime tellement que ta voix me devient la plus entendue par mes oreilles. Je t'aime tellement que mes mots se somment toujours en une pensée vers toi. Ô l'éclair qui comble mon cœur de douceur, de ce temps de gloire marquant mes rêves, de ce souhait pur qui se cache derrière l'obscure qu'aucune lumière, s'il n'est pas propre, d'éprouver un regard à cette rose garnie de beauté que même l'œil ne peut se détourner. Ô mon formidable jardin secret, le brusque apparent qui me décore de toute joie, certe ton inexistence n'est que l'imaginaire. Je te vois au loin du proche, au futur de ma patience et la meilleure sensation de ton âme éblouit mon odorat. T'es la lune qui mérite autant mon amour et c'est de toi seul que je puise toute confiance ma fleur d'âme. Un amour qui se née d'Allah, n'est qu'éternel. Et il a été beau s'il s'arrête à mort. Nieras-tu ? Ils sont comme deux racines qui forment un tronc. Certe, je ne pus qu'être assoupli à son âme sensible. Faneras-tu ce fil d'or aux veines électrisées comme une étincelle? Plein que me mûrit cette pivoine aux feuillages supercalifragilisticexpidélilicieux, que de me lamenter sous son ombre. Du vin, boiras-tu ? L'un est plus proche des sels minéraux et l'autre plus doux à la lumière, au vrai sens qu'ils dessinent une sève d'amour. C'est un cœur dévoré de chaleureux sentiments que sublime mon intime. Briseras-tu cette perle argentée comme de cendres ? Ce dont a éveillé le silence de mon souffle, a prodigué ce don du destin qui pond une foudre. Je me suis foulé dans ce cœur vierge comme une pesanteur. Et d'hommage que celui qui aime par Allah, ne peut guère fuir l'éclat de son amour et tu l'auras toujours dans ton cœur. Je me suis devenu très ivre que pétille cette rose. C'est ce jeune viscère rouge qui m'a inhalé de fierté que me verdoie la savane de la vertu.

Il m'a aimé; il le prouva.
J'étais seul; il m'a comblé.
Je n'avais rien; il m'en pava.
J'étais sans voix; il m'a libellé.

Il m'a voulu du bien ; il le manifesta.
J'étais malade; il m'a soutenu.
Il m'a souri; il me contenta.
J'étais sourd; il me l'a tenu.

Il m'a tant guidé;
Il m'a tant appris;
Il m'a tant surpris;

Juste un être qui a jalonné sa fierté en moi, et j'avoue que sa modestie m'a rendu complète. Il fut sans doute ce dont il est, un arbre dont les branches grandissent en largeur pour donner tant d'ombres. Elle m'a éclipsé les larmes.

Je n'avais pas de mots; elle me les donna.
J'étais aveugle; elle m'a rendu la vue.
Je n'avais point de douceur; elle m'en borna.
J'étais rêveur, elle m'imposa sa vie.

J'étais muet, elle m'a rendu parole.
J'avais mal; il l'apaisa.
J'étais courbé, elle me rendit parabole.
J'avais peur; elle m'encouragea.

Elle m'a beaucoup changé.
Elle m'a beaucoup touché.
Elle m'a beaucoup enrichi.

Son verbe a glissé aisément sur les passages doux de mon cœur que me conjugue son charisme et son amour éternel. Elle m'a privé de la honte autant qu'elle acheva mes peines. Son éminence m'a illustré dans l'en-tête de sa noblesse.

J'étais sans espoir, elle me l'engendra.
J'étais errant, elle me retrouva.
J'étais sans astre; elle m'éclaira.

J'étais presque noyé; elle me sauva.

J'avais oublié; elle me rappela.
J'avais tort; elle me pardonna.
Je n'avais personne; elle m'interpella.
J'étais naïf; elle me couronna.

Elle m'a vivement soulagé.
Elle m'a vivement conseillé.
Elle m'a vivement reconstruit.

Son mot d'or m'a rendu digne et loyale. Son caractère m'a fait songer une pure lumière divine. J'ai senti rejeté; elle m'ouvrit sa porte. Je l'ai aimé; elle m'a pris. Et tout m'est dépeuplé sans elle si bien que je la chanterai au nuée.

J'étais faible; il m'en donna sa force.
Je souffrais; elle me consola.
Je l'ignorais; elle m'accorda sa patience.
J'avais chaud; elle me gela.

Je l'ai blâmé, elle s'accrocha.

J'avais soif, elle m'a abreuvé.
Je le fuyais; elle me chercha.
J'étais laid; elle m'a rivé.

Elle m'a tellement fasciné.
Elle m'a tellement reboisé.
Elle m'a tellement réécrit.

Sa bonté a sondé un charme à mon intime. Et son élégance m'a servi comme nature. C'est quoi ce temps de gloire qui pèse un prochain fictif s'il en est dans son présent. Elle m'a très chéri dans ses faits.

2e PARTIE : Le voyage de l`aube

1- L`esprit des lettres d`or

À l'aube où freine le silence de la nuit, qui piliera l'évasion de ce temps promis ? Quel malheur qui sourit à l'esprit, s'il existe même dans ce matinal où le soleil pose du savon sur sa propre tête, un soulage qui bafoue la prudence. Imaginaire à son plateau nocturne comme une simple roche qui déambule avec des yeux bandés. Est-ce aux sourires de ces rayons que ce train est vitale? Si ce retour est sans aller, à quoi sert prôner un langage platonique ? C'est à lui seul sa maîtrise s'il est un vent qui questionne par des souffles horribles. Une tête bien faite se minimise à la rencontre des savants mais ne fuit jamais face aux ignorants. Cet esprit ne serait qu'une savane pour la nature. En outre on assiste qu'àune parole plus cher que sa source. L'apparence comme flatteuse là où la supposition conduit à l'erreur. Ne pas prôner un jugement avec le regard car ce qui émane d'un noble cœur, ne s'aperçoit que plus aisé à l'image d'un bien nécessaire. Et un temps vieux est toujours fait d'espoir. Apparaître comme un éléphant dans un paysage des ignobles c'est certe se détester et se faire une trahison. Il n'était qu'une racine cachée avant son apparence mais il retournera comme une lune qui se renée dont l'aperçue est difficile. Son sang est comme un manteau à l'attrait paisible des héros. Il ne respire point sur ses beaux vers, ni parler sans écouter mais il inspire tant, de sa voix humide quand il se proclamait que « Vous êtes-vous même, si vous vous sous-estimez. Ne le restez pas non plus, vous êtes votre force si vous décidez. Ne vous reculez guère à émigrer vers le désir de votre volonté. Déracinez ces arbres sur votre chemin et rayonner le monde par la lumière de votre sieur. Soyez des tailleurs de votre destin et délivrer votre génie pour reboiser tout espoir. Je suis le prince des lettres d'or, l'armure des esprits dorés de patience, l'agneau des savants mais le malheur des ignorants et des arrogants. Si je vous la dis, vous grossirez une colère, et cet orage ne s'éteindra jamais. Mais si vous êtes une vérité, engendrez-nous la preuve;certe, le soi n'est jamais comparable à un désire. Renaissez-vous libre de vos captifs en philosophant. Ne vous haïssez pas sur du bon mais haïssez-vous plutôt de votre égoïste. Vous êtes que des semblables avec vos âmes. Et L'âme est comme une douce argile, toute brique qui s'y dérive en mauvais état, serait un regret pour l'architecte. Le bon caractère de l'âme irrigue la force physique alors ne roulez point hors de la discipline de votre statut.» C'est une parole à l'appui qui valorise l'homme et non le bâton de son bétail. Ce n'est que sur un papier de temps que se détermine un soldat du savoir. Et il était une force pour les faibles, une terreur pour les forts. Tout effort est synonyme d'espoir. Il n'existe guère une cause perdue. Il n'existe guère une difficulté éplorée. Le brave ose défier l'impossible. De ce temporel qui jaillit une telle frondaison que l'hivernage a tort dans sa verdure. C'était une forêt qui pense dans les buissons de son paysage. Une chance ne peut pas être meilleur que d'avoir comme compagnon la nature car tu t'armes de patience. « Aujourd'hui, je rate mon vol mais demain, je serai en orbite.» : voilà le vrai chant d'un génie et les pas argentés d'un oiseau mature. Et c'était le meilleur roi que l'homme avait connu durant ce temps où il oscillait entre les vagues des ténèbres, ce moment de séisme à un destin presque prit par le magma du désespoir. Le soir où l'or nourrit le ciel, crédible moment pour vouaffer dans l'idéal de la nuit que la tombe du roi s'écrit sur un silence. Sans soleil que se séduit les plus beaux conseils. La nuit est comme un secret irréel et que l'homme s'en voile comme le sang des manteaux. L'emprise sournoise ne peut se consommer aisément comme une verdure. Un guerrier des mots n'a tête que tabernacle du savoir. Il sème de la modestie sur son champ d'ignorance. Un mot pour tous ce qui rendra vieux, jeune; ne serait qu'avec une humilité vivante de s'honorer. De son charisme il disait : « vous avez fait de vous-même de véritables héros que nul ne peut ignorer. Un vrai soldat du savoir ne serait digne que dans la transmission de sa sagesse. Nul n'est savant s'il ne peut s'en servir à l'utile. Le savoir est une poison et ne pas le faire boire aux autres pose un crime de soif. Il faut se donner au fond de la volonté et s'écrire comme une page blanche. Mes mots ne sont ni de l'or ni de diamant mais ils brillent juste de leur vérité. Ils me disent: tu as maigri, repose-toi mais je les réponds toujours, j'ai donné juste la force pure qui ne m'appartenait pas et il ne s'agit guère de fatigue, que d'une fierté ». C'est toujours beau de se révéler comme mentor doux à sa raison. Et quand tu veux unir deux aimants, tu n'as ennemi qu'à la divergence de leur consensus. On ne peut jamais gagner un combat sans être contrarié. Maodo n'aurait jamais réussi sans cette difficulté qui a cultivé l'effort d'un art de parole. Que peut empêcher une pirogue d'être un compagnon du courant de sa source à glisser ? Il s'est bien manifester comme un astéroïde. De cette pagaie, Maodo a tracé une cheminée sans se perdre dans ses passions. Si la lumière se pesait sur une balance, ces lettres d'or ne seraient que les plateaux. De toute vie est assigné un but et de tout but se fleurit un espoir. Combien serait pensable des cauchemars du passé ? Aujourd'hui serait encore à jamais une facette pour embellir cette toile qui libère réellement l'âme. Et quand un cadavre est libre sans esprit, il hérite la violence de sa volonté. Quel goût aurait la liberté si elle dilate à nuire un chemin de relève ? Celui qui cherche la perfection, ne s'appartient plus à lui-même et il donne sa vie à la moralité. D'autant sa voix n'a de tonalité que sous l'ombre de se justifier comme juge des vers lucides.

2- Le routard de la pensée

Seulement inutile de le dire, mais pleine ce qu'il renferme comme un désert semé. Aujourd'hui encore pour se poursuivre demain, toi, tu le diras si tu ne l'as pas envahi dans ce dont ce courrier est sans destinataire et muet. Sans mot, un beau discours se lit sur la blanche et il frémit l'aube aux gémissements du soleil. Qui n'est pas sourds pour l'entendre et qui est aveugle pour l'intercepter ? Tant mieux à ce jet d'encre qui arrose ma plume. Ces mots doux qui glissent aisément sur le cœur de ce frère, ne peut émaner que d'une lune au charisme pleine de lumière. Le manque avait tranché tant les liens d'entende mais les pensées demeuraient sonores à ce long fossé de nuages. Et mes excuses se posent comme un regret. Les dits sont tant nombreux que ma force prend sa faiblesse. On me juge de mon regard, alors qu'il y a certe meilleur que nul n'en connait. Mais je m'accroche comme un sourd au critique. Si la terre ne se précipite point, elle verra certe la levée de ce soleil. Et je pleure comme une cible ratée.

Je pleure

De la solitude dont je me déverse inhaler.

J'ai céder ma voix à l'empire des moines.

J'ai cru trouver de l'or mais que son reflet.

Je pleure
Est-ce mes valeurs que j'ai perdues?
Je pleure aux regrets de mon soi.
Je me colore de l'aberration.

Je pleure
Je ne serai qu'insignifiant à ce vent.
J'ai eu mal sans m'annoncer.
J'ai eu tort sans seconder la raison.
Je pleure
Mais au bord, je t'ai perdu.
Je me suis vu comme une feuille par terre.
J'ai pleuré pour te faire écouter mon silence.

Je pleure
Ne serait pas toi que j'avais connu.
Où serait moi, un aveugle.
Je me confonds dans pâle et blanc.

Je pleure
Je ne peux certe m'ignorer d'un cœur rebelle.

Et les regrets ne cessent d'accroître.
S'il suffisait, me blâmeras-tu ?

Je pleure
Tu étais le plus proche de moi.
Mais t'es devenu le plus éloigné de moi.
Ce qui m'embête à en vouloir mon égo.

Je pleure
J'ai l'horrible senteur de la tristesse.
Je me sens abandonné à terne.
Et mon cœur s'est attristé.

Je pleure
C'est au naufrage qu'aboutit mes larmes.
Je ne sais guère où me passer vivant.
Je ne sais point où aller.

Je pleure
Qu'a l`arbre sans tige à donner de l'ombre ?
Je suis flatté à l'ironie de ton silence.
Et le train s'écroule sans mots.

Je pleure
À l'orée, je ne roulais que dans le vide.
À la verdure d'honte, je m'éclipsai.
Et l'aveugle m'a pris dessus.

Je pleure
Le bien sombre m'a piraté la pensée.
Je me suis déraciné de l'évidence.
Et J'ai senti un hivers d'oubli.

Souffle du miel
J'ai frappé à ta porte.
Entends-tu ma voix forte ?
Ouvre-moi sœur noble.
Ne me demande pas si je suis ignoble.

Pourquoi me repousses-tu ?
Ne serait-il pas ton bonheur.
Ou bien le sais-tu ?
J'ai juste senti la rose de ton coeur.

Ne m'ennuie pas de ton langage.
J'ai frappé à ton âme.

Ne me blâme pas dans ton paysage.
Et ne me brûle pas avec ta flamme.
Je ne suis qu'un amoureux.
Je suis de ton reflet que flatté.
Ne me juge pas furieux.
Je suis de ta beauté que piraté.

Tu ne me serais qu'un meilleur refuge.
Je ne dis guère ces lettres d'or pour toi,
Mais tu es ma fleur d'âme et ma remise.
Ma Emi, Ouvre-moi.

Feras-tu un pas ?
Je suis loin du seuil de ne pas l'être.
Et je ne cesse de nier le vide sur mon dos.
L'idéal me réapparaît comme un nœud
D'espoir là où le soleil est sourd de son aitre.

Je ne peux être une vie certe sans toi.
Qui vit sans foi à ses choix, ne domptera pas sa raison.
De quelle dignité j'en suis si je me sépare de toi ?
Nul ne doute d'un arbre qui abandonne sa frondaison.

Si je te quitte, je n'en ai rompu qu'avec moi.
Ce qui rend sèche une fleur, n'a guère laisser vivant ses racines.
Mais le regard n'a déduit que tu es l'unique pour moi.
Et ne serait ni ta bonté, ni ta beauté qui me déracine.

C'est un amour inné que je ne peux faire détour.
Ce n'est point hasard, si je te vois comme mon existence.
Devant tout cet humanité large, je ne parcours que ta douleur
Car elle est plus la mienne que la tienne, Éminence.

Si les pensées s'annonçaient comme des mots,
Tu me verrais comme un feu qui dégage de fumée.
Je suis destiné à te suivre même dans tes défauts.
Et me voit là soumis à Dieu mais dévier par toi au nuée.
J'ai sonné à ton destin,
Mieux que la lune s'illumine.
Je n'ai rien labourer pour réclamer mon butin.
Mais ma langue ne s'arrête de chanter à ton hymne.

Je t'interpelle à cœur fier sous ces cieux.

Quel attrait sourire qui séduit.
Me laisseras-tu perdre dans tes yeux ?
Voilà une mer de larmes qui s'en déduit.

Ma Emi, donne-moi ton cœur,
Si bien le passionné est sincère.
Et autant que le soleil éclaire.
J'ai besoin de ton ombre, âme-sœur.

C'est de ne plus penser à rien.
Je m'offre dans les mots à ton image.
M'as-tu brandi le cœur pour rien ?
Aussi beau que tu as coupé mon voyage.

Ne vois-tu pas mon duvet embelli aux doux cris ?
Je ne vois qu'une fleur d'harmonie.
Nul pensé à rédiger là où tu m'as tout pris.
Je me fléchis sur mes genoux aux pleures garnies.

Je t'ai épelé sous ton beau manteau.
Mais ne me répondit qu'un vide balayé.
Pourtant tu ne sors de mon cerveau.
Est-ce de mes mots que le silence s'est bégayé ?

Ma Emi ne me questionne point de mon égo.
Si je te disais ce qui vaut à l'histoire,
Je suis tant bouclé de défauts.
Mais la passionnée ne vise que l'espoir.

J'ai vu s'écrire des étoiles à leurs rayures
Sous l'effort nu de mes pas.
Me crois-tu, je sais que tu me vois sans armure.
Je me suis décliné et ne m'abandonne pas.

L'amour rend certe le fou, un roi.
Et il l'aime c'est tout.
L'amour émigre la folle à être une reine.
D'ailleurs, elle le verra partout.

Loin de toi, je m'offrirai des rêves encore.
Je t'épaulerai de tout mon bravoure.
Et j'espère que tu ne laisseras le sort
Me briser dans cet appel de secours.

J'ai senti ta clémence.
J'ai jailli le meilleur de mes larmes.

Autant que les yeux se mouillent d'éminence.
Sais-tu que je ne suis de toi qu'un germe ?

Écoutes-tu les souffles de ce vent ?
Ils prônent ces adages d'or sous ce train.
Laisse-moi fleurir dans ton propre jardin.
Ce sourire dresse des bâtiments.

Tu le séduis, soit mon architecte.
Promet moi juste que tu me mérites.
Tu es ma tutrice, l'infaillible de ma pensée.
Je ne veux que tu me tailles mes malheurs du passé.

D'un soleil qui meurt sans lumière,
Que se revêtit le monde.
Nul ne doute de mes rivières
De pensées autant que le vibreur des sondes.

Je suis bien là sous ce revers.
Promet moi juste ce dont tu ne renonceras pas.
Si géant que m'étire l'amour dans ces vers.
Garde moi prêt de toi et ne me réfute pas.

Je t'ai aimé comme mon propre héritage
De Dieu. Je t'ai pris comme une force de ma bravoure.
J'ai secondé le vent vif de cet amour
Comme m'habille l'humidité de son beau orage.

Tu es tombé radieux comme un soleil,
Laisseras-tu un toit sans lumière ?
Est-ce à cet amour que je me vois comme une abeille ?
Et mes yeux mouillent de larmes à mes paupières.

Sentir immerger dans ce bas monde rend mon souffle
Terne et me ronge trop ce cœur noble.
Est-ce m'aimes-tu que tu me gifles ?
Celui qui aime, se prône avec une douceur affable.
Mais l'amoureux est-ilsourds ?
Si et seulement tu m'aimais, tu m'aiderascerte à t'aimer.
Seul celui qui supporte ton silence et tes défauts, peut
t'aimer.

M'aimais-tu vraiment si tu m'abandonnes sur cette cour.
Vois-tu, je sais que tu me comprends sous ce sourire ?
Ô Éminence, Rose voilée m'aimes-tu ?
Rejetteras-tu le mignon berceau que tu as bâti ?

L'amoureux réalise son amour à l'acte et non pas à la parure.

J'ai pris mon duvet comme fleur pour toi.
Et j'ai tenté de te joindre dans ton absence.
Je n'ai flatté ces lettres d'or que pour toi.
Mais j'en ai reçu que les dipôles de ton silence.

Que t'ai-je fait, j'ignore certe ce feu.
Emi ne me fuit pas, aide-moi à me corriger
Si j'ai tort dans mes défauts.
Combien c'est mal de sentir briser ?

Le temps n'arrête de me surprendre dans ce lourd
Qui bascule mon cœur au seuil de ces larmes.
Ignoré, rejeté, réprimée, abandonné, je cours
Vers un vide sombre sans âmes.

Il n'est pris à l'espoir que par ton souffle.
Mais le sonore au muet m'a séparé de l'esprit.
Le néant m'occupe tellement que si tu savais que se boucle

Mon horrible deuil, tu ne seras qu'épris.

Tu ne m'as beau appris mais que de toi.
Me voit là comme un arbre en plein désert.
M'as-tu appris sans toi ?
Ce ne sont que des larmes qui émanent de mes artères.

Amoureux

À l'humour fort des roses que je me proclame
Comme un prince couronné sous cet horizon d'hiver.
Me verras-tu comme un soleil pour toi ? À toi, je réclame
Ma fleur d'amour comme se retirent les vagues d'une mer.
Quand un arbre se voile d'une belle verdure
Alors ses racines ne sont qu'amoureux à de l'eau.
M'entendras-tu Verehrt si mon cœur a tort dans ton sourire ?
Et que serait cette nature sans végétal dans son beau ?
Je ne t'aurais choisi que par l'aube du rétro
De mon amour et je n'ai bout à nul refuge.
Malheur à moi, qui rêve comme un héros
D'Uranus mais qui finit toujours sous sa ruse.
D'un nuage qui me nourrit tant de fierté,
À quoi me sert attrister un cœur sincère.
Je t'ai aimé sans t'avouer ma tonalité;
Alors que tu ne m'es qu'une douce lumière.
Si et seulement je pouvais t'arracher,
Je te ferai le décore de mon ciel.

Tu me resteras le portrait le plus rapproché.

Et Je t'aime comme une lueur de miel.

Je te promets

Je te promets du miel dans une vie sans gouffre.
Je te crois sur dont les rives bornent des fleuves.
Je te promets d'une lune sur un bouquet en soffre.
Je te crois dans ce beau rêve aussi doux et vive.
Je te promets du ciel au-dessus de ta tête.
Rien au monde, qu'une plume qui dresse un vent.
Je te promets ces lettres à fleurs non bêtes.
Je te crois dans l'étreinte de ce beau câlin vivant.
Je te promets de l'ombre sur ta patience.
Je te crois comme femme en arc en ciel dans l'éminence.
Je te promets du beau sourire de mon cœur en or.
Je te crois dans ce courrier sans abords.
Je te promets d'une clé pour m'ouvrir ce cœur.
J'y crois à ce bateau de joie pour combler tes larmes.
Je te promets un soleil humide sur ton honneur.
J'y crois même si c'est une carte encourue par des armes.
Je te promets un réel conte sans aucune fiction.
Je crois à ta lumière dans mes nuits obscures.
Je te promets de bâtir un espoir sous tes passions.
J'y crois à l'étoile blanche de mon âme en arcure.

Racine d'un cœur

Sous l'ombre de ces multiples rêves, je n'aspire que ton sourire.
Sans toi, rien ne me va dans cette vie pleine de pensées
Déchirées et de faiblesse car je ne serai que sans avenir.
Laisseras-tu ces yeux mouillés éternellement dans ce passé ?
Je ne peux t'ignorer d'être cette racine de mon cœur,
Sans doute, mon unique nahmour qui se mesure à mon intime.
T'engageras-tu à m'aimer comme un nid de ton bonheur ?
Je m'offre comme une lune du néant sans estime.
Ma lionne, valoriseras-tu mon être à ton humanité ?
Je ne suis que de nature perdue dans mon paysage.
Et tu me serais en tout l'enthousiasme de ma fierté.
En foi, je n'en ai dans cet univers que ton amour sage.
Tu es cet astre tombé de la lumière qui m'éclaire.
Tu es cette douce lueur d'espoir qui m'enrichit.
Sans toi, que vaut mon image qui n'existe que par ton éclair.
Tu es cette fleur qui m'abrite le soir et qui me rafraîchit.
Je ne veux être pour toi que le chauffeur de tes vœux.

Rien qu'une fois, prend moi comme le soleil de ta vie.

Pour toujours que je t'aimerai dans cet art beau.

Et pour toujours que je t'aimadorerai sans condition à vie.

Fleur de la solitude

Un mot en fleur, une âme souriante
Sous sa verdure n'est que prometteuse.
Tendue la main, je ne peux colorer les pentes
De la vérité s'elles sont bien soigneuses.
Elle m'avait promis de venir la nuit,
Et j'ai réuni toute ma joie à l'aube de la gloire.
Je l'ai attendu d'un doux temps qui me fuit,
Nul part de son ombre, ni un foulard du soir.
Je me suis senti si immergé dans mes rêves
Que l'espoir m'en abandonnant sans étoile.
Elle m'a laissé des yeux sur un écran en rive.
Son absence m'a chagriné sous cette toile.
Elle ne m'a engendré qu'une solitude.
Je me suis nourri tellement de chagrin
Que le silence me lisait dans une pire attitude.
C'est un vent doux qui parfume cet air marin.
J'étais si prêt à l'accueillir qu'elle en traça
Une tangente. Une fleur de manque se pousse
Comme un bouquet d'arbustes qui renonça
À sa taille courte pour s'étendre sur sa couche.
Et L'amour tombe comme une voix expertise.

3- ***Un aigle sans destination***

Du train de mes rêves à l'amour d'un aigle sans ailes, mon égo ne cesse de percer cet élise sombre. J'ai voulu me cacher des rayures du soleil mais brilla les ténèbres dont mon égo s'ébranle. Je ne sais de quoi m'inviter avec cette roue. Un cercle sans rayon ne peut être qu'un point sans témoins. À mes mots laids comme s'illustre l'orgueil, le poids de mon duvet me devient chirurgien au nuée de mes songes. Que dit le passé, si tu prétends nourrir un présent ? Plutôt un silence qui témoigne là où le sourd se frémit dans l'esprit. Je ne suis qu'un routard dans la pensée. L'évasion m'a pris le temps et m’endeuille quand la misère m'écrit. Qui peut arriver sans destination ? Je pars sous le beau chant des oiseaux et je pars à l'heure où le soleil conclut avec les étoiles vers la quête de l'histoire. Crois-tu trouver mon front sur les murs de mes pensées. C'est juste partir pour cultiver le choix de l'esprit à travers cette belle culture sans éloge. De la noblesse des hommes et femmes dignes à leur humanité jusqu'à l'encontre de ce berger qui transforme le vert en de blanc, je me vois comme un prince dans cet empire des héros, heureux de ce qu'il se parte comme de l'or. Quand je m'y plonge dans le paysage des champêtres, mon bain est mes sieurs, ce dont le travail paye peu soit-il, se compare à l'honneur et à la fierté. À l'endroit où l'enfance jalonne ses racines, l'argile fut le bâton de l'architecte et des mares qui accouchent de poissons et des herbes. Ne doute surtout pas, de la fiabilité de cette pure société et qui ne manque point à ses décisions. Sous l'ombre d'une lune d'esprit, le vent m'emporta, une pensée et du réel se forma comme une aube. Serait-il illusoire d'y croire ? Le cœur d'un aigle est devenu captif à une rose nymphe.

- _Dit-il pourquoi moi ?
- _Le silence me revient, rétorqua-t-elle !
- _Ça ne peut être qu'une erreur d'inviter un aigle chez les nobles.
- _Ne l'associe pas à une erreur, l'amour n'a pas de distinction et ne connait ni heureux ni malheureux.
- _Il y a tellement d'être, l'amour serait-il sans ailes ?
- _Mon choix est sans condition et sans renonce quelque soit son vol que tu m'aimes ou non. Me briseras-tu avec ces mots ?
- _Juste surpris par le temps mais un destin est comme un fil, nul ne sait ce qui y grimpe. On ne

rejette guère un amoureux dont on était chéri. Et briser un être c'est certainement se briser soi-même.

- _Je savais que mon être ne s'est pas trompé de figure.
- _Si vrai que tu me retiens libre dans la pensée mais je deviens captif à ta lumière.
- _Ce n'est pas étonnant d'en user bon raison, mais c'est le temps uniquement qui t'écrit de cette sorte.
- _Je m'appelle seul à la levée du soleil au bord de ces bois irréels.
- _Dit-elle ! T'es si hermétique dans les lettres que tu me rends inquiétante mais je n'accepterai en aucun instant te perdre.

On ne peut fuir un destin quand les cauchemars ne s'allument que comme chose due. Le temps n'est le doyen d'un départ noble que dans l'obligation qu'il lui accorde un soulier d'ombre retenant. Mais au point, la lune ne tourne qu'autour de soi. L'agencement qui m'étale, ne peut être lu par l'orgueil ni par l'arrogance. Je ne sais où me partir sans la peur.

La volonté m'a épelé sous cette nature
Et le ciel glisse sur ma tête comme une bille.
C'est ce vent de la clémence qui m'attire.
C'est cette lumière d'hiver qui m'étrille.

Ne pleure pas, je ne pars que pour revenir.
Et le silence me peint de sa garniture.
Ne pleure pas, tu ne me retiens que muet.
Ce paysage ne m'offre qu'une voix muée.

Mais demain, j'irai comme un fantôme,
Mon cœur brandi, mes nerfs rebinés, mes yeux
Mouillés, mon être déraciné, mon âme
Ecœurée sans mot par cet exil fameux.

Et c'est le temps qui m'écrit loin de toi.
Ce chemin qui coule sans ruisseaux,
M'honore comme routard sur son toit.
S'il semble à l'or alors l'esprit est précieux.
De l'âme prise au gorgé à l'évasion de mon intime,
Je ne peux m'isoler hors de ta destination.
La solitude me hante au socle de mes abimes
Et elle ne me mouve que vers des sensations.

Me rattraperas-tu dans cette vallée vivante
Par mes larmes ? Même si tu me retiens,
Partir serait l'encre la plus pur de mon destin
Et ton éloge ne me serait qu'une voix ravissante.

À tes cris, le silence m'étrille sans esprit.
Et me voit là sombrer à ton manque.
Sans me retourner la tête, je m'écris
Au seuil de ma lumière platonique.

À toi, sabre doux, je ne me peux départir
De ta bonté éminente. Je suis le vin
De ta solitude et tu es le beau pain
De ma vie. Ne me peine pas à te mentir.

Laisse-moi juste partir, j'ai peur de trahir ta joie.
Me vois-tu ? Si navrée car tu ne mérites que du bien.
De mes défauts, aurai-je à te donner ce bien sans choix.
Le train s'est tracé dans les malheurs et je m'y tiens.
Je ne pourrai être l'espoir dont tu te voudrais tracer.

Je ne peux vous mentir pour cacher une vérité qui me fera mal.
Ton cœur est de ligné propre et il ne mérite que la voix d'idéal.
Alors que ma place n'est pas loin des abords de la misère cachée.

On ne peut être un hangar là où on se refuge
Sous de l'ombre. De ma cécité à mon heure,
Je ne peux fuir ce rang qui m'attire et qui me dégage
De loin et qui me chérit dans cette cité de malheur.

Au préalable qu'il est sur une lagune sans goût
Et son cœur a subi le bien du malheur sans âme.
La vie m'a corrompu pour m'avoir éloigné de Vous
Qui ne s'engage que par Allah, là où déverse mes larmes.

Les étoiles n'espèrent briller là où le soleil s'allume comme une mère de la lumière. Et le voyage fut sans élytres car oiseau sans nid, fameux ce qui commence sans point. Ô temps de l'aube, le buisson du soleil et le silence de ce vent doux m'a laissé sourds et muet sous ce toit du ciel. L'amour s'illustre toujours comme un doux orage. Il fut le roi d'un jardin en or. Je me rappelle, des verbes d'or et vert au-dessus de la terre chère. Je suis le jardinier, si réciproque laisse-moi me planter comme fleur pleine de douceur. Je suis un rêveur, si réel laisse-moi aspirer jusqu'à transpirer. L'honneur est brave mais l'estime est sage.

«Confort est un esprit de l'aube, voué à l'idéal comme un temps d'or, l'orage m'a déraciné pour autre que plus pur à l'argile là où s'inverse mes rêves. Je m'assigne à une pagaie et bien que je dors aux yeux ouverts. Le prochain comme manteau, serviable le miroir qui se reflète comme un nuage sans témoins. La foudre s'étale et remplit le calvaire de mon cœur. La tonnerre crit comme un héros et diverge comme un silence.» Seydi Sy

Printed by Books on Demand GmbH, Norderstedt / Germany